»Herr: es ist Zeit. Der Sommer war sehr groß./Leg deinen Schatten auf die Sonnenuhren,/und auf den Fluren laß die Winde los ...«
Achtundachtzig Gedichte deutschsprachiger Lyriker vom Barock bis in die Gegenwart, in denen der farbenfrohe Altweibersommer, der reiche Erntemonat Oktober, aber auch die heimeligen dunkleren Novembertage besungen werden, sind hier versammelt. Dieses Büchlein entführt mit vertrauten Versen, aber auch mit Neuentdeckungen in poetische Gefilde und lässt den oftmals grauen Herbstalltag vergessen.

Gudrun Bull, in München lebende Germanistin, hat bereits zahlreiche Anthologien bei dtv herausgegeben, darunter die erfolgreichen Geschenkbücher ›Gedichte für einen Wintertag‹ (13604) und ›Gedichte für einen Sommertag‹ (14005).

Gedichte für
einen Herbsttag

Herausgegeben
von Gudrun Bull

Deutscher Taschenbuch Verlag

Von der Herausgeberin Gudrun Bull
sind im Deutschen Taschenbuch Verlag erschienen:
Gedichte für einen Wintertag (13604)
Winter rund um die Welt (13710)
Weihnachten rund um die Welt (13820)
Gedichte für einen Sommertag (14005)
So schöne Blumen blühn für Dich (20870)
Nicht nur zur Osterzeit (20885)

Für meine Mutter

**Ausführliche Informationen über
unsere Autoren und Bücher
finden Sie auf unserer Website
www.dtv.de**

Neuausgabe 2011
Veröffentlicht 2006 im
Deutschen Taschenbuch Verlag GmbH & Co. KG, München
© Deutscher Taschenbuch Verlag, München
Umschlagkonzept: Balk & Brumshagen
Umschlaggestaltung unter Verwendung des
Gemäldes ›Autumn Leaves‹ (1858) von
Nina Moore (bridgemanart.com/
Walters Art Museum, Baltimore, USA)
Gesamtherstellung: Druckerei C. H. Beck, Nördlingen
Gedruckt auf säurefreiem, chlorfrei gebleichtem Papier
Printed in Germany · ISBN 978-3-423-14022-5

INHALT

I
Der Sommergast, die Schwalbe zieht   7

II
Bunt sind schon die Wälder   31

III
Herbst kehrt ein voll Frucht und Fülle   65

IV
Leiser wehn die Lieder   93

Anhang

Zu dieser Ausgabe   129
Quellennachweis   133

I

DER SOMMERGAST, DIE SCHWALBE ZIEHT

Schön im goldnen Ährenkranz
Hat der Sommer uns geblüht;
Flüchtig kreist des Jahres Tanz,
Und der Sommer flieht.

Friedrich Rückert

Ludwig Tieck
1773–1853

HERBSTLIED

Feldeinwärts flog ein Vögelein
Und sang im muntern Sonnenschein
Mit süßen wunderbaren Ton:
Ade! ich fliege nun davon,
    Weit, weit,
  Reis' ich noch heut.

Ich horchte auf den Feldgesang,
Mir ward so wohl und doch so bang,
Mit frohem Schmerz, mit trüber Lust
Stieg wechselnd bald und sank die Brust,
    Herz, Herz,
  Brichst du vor Wonn' oder Schmerz?

Doch als ich Blätter fallen sah,
Da sagt' ich: ach! der Herbst ist da,
Der Sommergast, die Schwalbe zieht,
Vielleicht so Lieb' und Sehnsucht flieht
    Weit, weit,
  Rasch mit der Zeit.

Doch rückwärts kam der Sonnenschein.
Dicht zu mir drauf das Vögelein,
Es sah mein thränend Angesicht
Und sang; die Liebe wintert nicht,
Nein! nein!
Ist und bleibt Frühlingsschein!

Gottfried Benn
1886–1956

ASTERN

Astern –, schwälende Tage,
alte Beschwörung, Bann,
die Götter halten die Waage
eine zögernde Stunde an.

Noch einmal die goldenen Herden
der Himmel, das Licht, der Flor,
was brütet das alte Werden
unter den sterbenden Flügeln vor?

Noch einmal das Ersehnte,
den Rausch, der Rosen Du –,
der Sommer stand und lehnte
und sah den Schwalben zu,

noch einmal ein Vermuten,
wo längst Gewißheit wacht:
die Schwalben streifen die Fluten
und trinken Fahrt und Nacht.

Hilde Domin
1909–2006

HERBSTAUGEN

Presse dich eng
an den Boden.

Die Erde
riecht noch nach Sommer,
und der Körper
riecht noch nach Liebe.

Aber das Gras
ist schon gelb über dir.
Der Wind ist kalt
und voll Distelsamen.

Und der Traum, der dir nachstellt,
schattenfüßig,
dein Traum
hat Herbstaugen.

Ludwig Uhland
1787—1862

DIE MALVE

Wieder hab' ich dich gesehen,
Blasse Malve! blühst du schon?
Ja! mich traf ein schaurig Wehen,
All mein Frühling welkt davon.
Bist du doch des Herbstes Rose,
Der gesunknen Sonne Kind,
Bist die starre, düftelose,
Deren Blüten keine sind.

Gerne wollt' ich dich begrüssen,
Blühtest du nicht rosenfarb,
Lögst du nicht das Rot der Süssen,
Die noch eben glüht' und starb.
Heuchle nicht des Lenzes Dauer!
Du bedarfst des Scheines nicht;
Hast ja schöne, dunkle Trauer,
Hast ja weisses, sanftes Licht.

Hermann Hesse
1877–1962

VERFRÜHTER HERBST

Schon riecht es scharf nach angewelkten Blättern,
Kornfelder stehen leer und ohne Blick;
Wir wissen: eines von den nächsten Wettern
Bricht unserm müden Sommer das Genick.

Die Ginsterschoten knistern. Plötzlich wird
Uns das fern und sagenhaft erscheinen,
Was heut wir in der Hand zu halten meinen,
Und jede Blume wunderbar verirrt.

Bang wächst ein Wunsch in der erschreckten Seele:
Daß sie nicht allzu sehr am Dasein klebe,
Daß sie das Welken wie ein Baum erlebe,
Daß Fest und Farbe ihrem Herbst nicht fehle.

Theodor Däubler
1876–1934

DIE BUCHE

Die Buche sagt: Mein Walten bleibt das Laub.
Ich bin kein Baum mit sprechenden Gedanken,
Mein Ausdruck wird ein Ästeüberranken,
Ich bin das Laub, die Krone überm Staub.

Dem warmen Aufruf mag ich rasch vertraun,
Ich fang im Frühling selig an zu reden,
Ich wende mich in schlichter Art an jeden.
Du staunst, denn ich beginne rostigbraun!

Mein Waldgehaben zeigt sich sommerfroh.
Ich will, daß Nebel sich um Äste legen,
Ich mag das Naß: ich selber bin der Regen.
Die Hitze stirbt: ich grüne lichterloh!

Die Winterspflicht erfüll ich ernst und grau.
Doch schütt ich erst den Herbst aus meinem Wesen.
Er ist noch niemals ohne mich gewesen.
Da werd ich Teppich, sammetrote Au.

Marie Luise Kaschnitz
1901–1974

TRITTE DES HERBSTES

Du lieber Herbst
Das Laub
Noch heiß vom Sommer
Und leuchtet feurig
Dann im Wind
Die feinen
Knöchernen Tritte
Zweigauf
Zweigab.

Wilhelm Jensen
1837–1911

DIE BOTEN

Tau blitzt am Gelände,
September ist nah;
Da flattert's behende
In zierlicher Wende
Und zwitschert ohn' Ende –
Die Meisen sind da.
Getuschel und Pfeifen,
Gepiep und Gehusch,
Ein Streifen und Schweifen
In Bäumen und Busch.
Ein Hüpfen und Schlüpfen
Im Laub überquer
Und Schmiegen und Wiegen
Allüberallher.
Und Nicken und Picken
In emsiger Hast,
Und heiter schon weiter
Von Aste zu Ast.
Nun Hängen an Zweigen,
Nun Reigen und Tanz
Und Wippen und Neigen
Mit Kopf und mit Schwanz.
Doch niemals ein Schweigen;

Rundum immerfort
Ein Plaudern und Plauschen,
Begrüßungen Tauschen,
Bald hier und bald dort,
Bald hin und bald wider;
Die Stimmchen so fein,
So blank das Gefieder,
Behend das Gebein.
Blaumeise, Schwanzmeise,
Schopfmeise sind da,
Nach lustiger Weise
Auf herbstlicher Reise –
September ist nah.

Joseph Viktor von Scheffel
1826–1886

ABSCHIED DES STORCHES

Wer klappert von dem Turme
Seltsamen Gruß mir? Horch!
Das ist in seinem Neste
Mein alter Freund, der Storch.

Er rüstet sich zur Reise
Weit über Land und See;
Der Herbst kommt angezogen,
Drum sagt er uns ade!

Hast recht, daß du verreisest;
Bei uns wird's kühl und still;
Grüß mir das Land Italien
Und auch den Vater Nil!

Es werde dir im Süden
Ein besser Mahl zuteil
Als deutsche Frösch und Kröten,
Maikäfer und Langweil!

Behüt dich Gott, du Alter;
Mein Segen mit dir zieht;
Du hast in stillen Nächten
Oftmals gehört mein Lied.

Detlev von Liliencron
1844–1909

HERBST

Astern blühen schon im Garten,
Schwächer trifft der Sonnenpfeil.
Blumen, die den Tod erwarten
Durch des Frostes Henkerbeil.

Brauner dunkelt längst die Heide,
Blätter zittern durch die Luft.
Und es liegen Wald und Weide
Unbewegt in blauem Duft.

Pfirsich an der Gartenmauer,
Kranich auf der Winterflucht
Herbstes Freuden, Herbstes Trauer,
Welke Rosen, reife Frucht.

Johann Heinrich Voß
1751–1826

Der Herbstgang

Die Bäume stehn der Frucht entladen,
Und gelbes Laub verweht ins Tal;
Das Stoppelfeld in Schimmerfaden
Erglänzt am niedern Mittagsstrahl.
Es kreist der Vögel Schwarm und ziehet;
Das Vieh verlangt zum Stall und fliehet
Die magern Aun, vom Reife fahl.

O geh am sanften Scheidetage
Des Jahrs zu guter Letzt hinaus
Und nenn ihn Sommertag und trage
Den letzten schwer gefundnen Strauß.
Bald steigt Gewölk und schwarz dahinter
Der Sturm und sein Genoß, der Winter,
Und hüllt in Flocken Feld und Haus.

Ein weiser Mann, ihr Lieben, haschet
Die Freuden im Vorüberfliehn,
Empfängt, was kommt, unüberraschet,
Und pflückt die Blumen, weil sie blühn.
Und sind die Blumen auch verschwunden:
So steht am Winterherd umwunden
Sein Festpokal mit Immergrün.

Noch trocken führt durch Tal und Hügel
Der längstvertraute Sommerpfad.
Nur rötlich hängt am Wasserspiegel
Der Baum, den grün ihr neulich saht.
Doch grünt der Kamp von Winterkorne;
Doch grünt, beim Rot der Hagedorne
Und Spillbeern, unsre Lagerstatt!

So still an warmer Sonne liegend,
Sehn wir das bunte Feld hinan,
Und dort, auf schwarzer Brache pflügend,
Mit Lustgepfeif, den Ackersmann:
Die Krähn in frischer Furche schwärmen
Dem Pfluge nach und schrein und lärmen;
und dampfend zieht das Gaulgespann.

Natur, wie schön in jedem Kleide!
Auch noch im Sterbekleid wie schön!
Sie mischt in Wehmut sanfte Freude
Und lächelt tränend noch im Gehn.
Du, welkes Laub, das niederschauert,
Du, Blümchen, lispelst: Nicht getrauert!
Wir werden schöner auferstehn!

Else Lasker-Schüler
1869–1945

HERBST

Ich pflücke mir am Weg das letzte Tausendschön .....
Es kam ein Engel mir mein Totenkleid zu nähen –
Denn ich muß andere Welten weiter tragen.

Das ewige Leben *dem*, der viel von Liebe weiß zu sagen.
Ein Mensch der *Liebe* kann nur auferstehen!
Haß schachtelt ein! wie hoch die Fackel auch mag
                                    schlagen.

Ich will dir viel viel Liebe sagen –
Wenn auch schon kühle Winde wehen,
In Wirbeln sich um Bäume drehen,
Um Herzen, die in ihren Wiegen lagen.

Mir ist auf Erden weh geschehen .....
Der Mond gibt Antwort dir auf deine Fragen.
Er sah verhängt mich auch an Tagen,
Die zaghaft ich beging auf Zehen.

Rainer Maria Rilke
1875–1926

JETZT REIFEN SCHON DIE ROTEN BERBERITZEN

Jetzt reifen schon die roten Berberitzen,
alternde Astern atmen schwach im Beet.
Wer jetzt nicht reich ist, da der Sommer geht,
wird immer warten und sich nie besitzen.

Wer jetzt nicht seine Augen schließen kann,
gewiß, daß eine Fülle von Gesichten
in ihm nur wartet, bis die Nacht begann,
um sich in seinem Dunkel aufzurichten: –
der ist vergangen wie ein alter Mann.

Dem kommt nichts mehr, dem stößt kein Tag mehr zu,
und alles lügt ihn an, was ihm geschieht;
auch du, mein Gott. Und wie ein Stein bist du,
welcher ihn täglich in die Tiefe zieht.

Friedrich Rückert
1788–1866

HERZ, NUN SO ALT UND NOCH IMMER NICHT KLUG

Herz, nun so alt und noch immer nicht klug,
Hoffst du von Tagen zu Tagen,
Was dir der blühende Frühling nicht trug,
Werde der Herbst dir noch tragen!

Läßt doch der spielende Wind nicht vom Strauch,
Immer zu schmeicheln, zu kosen.
Rosen entfaltet am Morgen sein Hauch,
Abends verstreut er die Rosen.

Läßt doch der spielende Wind nicht vom Strauch,
Bis er ihn völlig gelichtet.
Alles, o Herz, ist ein Wind und ein Hauch,
Was wir geliebt und gedichtet.

Oskar Loerke
1884–1941

LEISE HERBSTTAGE

Die silberne Allee der Weiden
Dreht sich schon tagelang im Wind nach Ost.
Die Blumen rollen ihre Seiden,
Im Sonnenscheine zittert fern ein Frost.

Die Seele fährt auf leisen Achsen,
Und alles, was ein großes Glück heißt, stört,
Denn unsichtbare Wurzeln wachsen
Zu größerm Glucke, heiß und unerhört.

Und über allem, was man vornimmt,
Liegt ein Verschweigen wartender Geduld,
Und hinter alles, was ins Ohr klingt,
Lauschst du auf eine unverhoffte Huld.

Mascha Kaléko
1907–1975

Herbstlicher Vers

Nun schickt der Herbst das Leuchten in die Wälder.
Grellbunte Brände lodert jedes Blatt.
Wie welkt das Herz dem wandermüden Fremden,
Der nur die Einsamkeit zur Heimat hat …

Schon fegt der Sturm den Sommer in die Gosse.
Im Park der Ahornbaum schreit blutigrot.
Der Regen weint die immergleichen Tropfen,
Und auf den Wiesen riecht es morsch nach Tod.

Da überfällt den Wandrer banges Schweigen
Und tiefes Weh um Schönheit, die verdirbt.
Herr, nimm mich fort aus diesem letzten Glühen
Und laß mich sterben, eh mein Sommer stirbt.

Georg Trakl
1887–1914

Herbst

Am Abend, wenn die Glocken Frieden läuten,
Folg ich der Vögel wundervollen Flügen,
Die lang geschart, gleich frommen Pilgerzügen
Entschwinden in den herbstlich klaren Weiten.

Hinwandelnd durch den nachtverschloßnen Garten,
Träum ich nach ihren helleren Geschicken,
Und fühl der Stunden Weiser kaum mehr rücken –
So folg ich über Wolken ihren Fahrten.

Da macht ein Hauch mich von Verfall erzittern.
Ein Vogel klagt in den entlaubten Zweigen
Es schwankt der rote Wein an rostigen Gittern,

Indeß wie blasser Kinder Todesreigen,
Um dunkle Brunnenränder, die verwittern
Im Wind sich fröstelnd fahle Astern neigen.

Hermann Hesse
1877–1962

WELKES BLATT

Jede Blüte will zur Frucht,
Jeder Morgen Abend werden,
Ewiges ist nicht auf Erden
Als der Wandel, als die Flucht.

Auch der schönste Sommer will
Einmal Herbst und Welke spüren.
Halte, Blatt, geduldig still,
Wenn der Wind dich will entführen.

Spiel dein Spiel und wehr dich nicht,
Laß es still geschehen.
Laß vom Winde, der dich bricht,
Dich nach Hause wehen.

II

Bunt sind schon die Wälder

Der du die Wälder färbst,
Sonniger, milder Herbst,
Schöner als Rosenblühn
Dünkt mir dein sanftes Glühn.

Ferdinand von Saar

Eduard Mörike
1804–1875

SEPTEMBERMORGEN

Im Nebel ruhet noch die Welt,
Noch träumen Wald und Wiesen:
Bald siehst du, wenn der Schleier fällt,
Den blauen Himmel unverstellt,
Herbstkräftig die gedämpfte Welt
In warmem Golde fließen.

Joseph von Eichendorff
1788–1857

HERBST

Es ist nun der Herbst gekommen,
Hat das schöne Sommerkleid
Von den Feldern weggenommen
Und die Blätter ausgestreut,
Vor dem bösen Winterwinde
Deckt er warm und sachte zu
Mit dem bunten Laub die Gründe,
Die schon müde gehn zur Ruh.

Durch die Felder sieht man fahren
Eine wunderschöne Frau,
Und von ihren langen Haaren
Goldne Fäden auf der Au
Spinnet sie und singt im Gehen:
Eia, meine Blümelein,
Nicht nach andern immer sehen,
Eia, schlafet, schlafet ein.

Und die Vöglein hoch in Lüften
Über blaue Berg und Seen
Ziehn zur Ferne nach den Klüften,
Wo die hohen Zedern stehn,
Wo mit ihren goldnen Schwingen
Auf des Benedeiten Gruft
Engel Hosianna singen
Nächtens durch die stille Luft.

Friedrich Nietzsche
1844–1900

Der Herbst

Dies ist der Herbst: der – bricht dir noch das Herz!
Fliege fort! fliege fort!
Die Sonne schleicht zum Berg
und steigt und steigt
und ruht bei jedem Schritt.

Was ward die Welt so welk!
Auf müd gespannten Fäden spielt
der Wind sein Lied.
Die Hoffnung floh –
er klagt ihr nach.

Dies ist der Herbst: der – bricht dir noch das Herz!
Fliege fort! fliege fort! –
Oh Frucht des Baums,
du zitterst, fällst?
Welch ein Geheimnis lehrte dich
die Nacht,
daß eis'ger Schauder deine Wange,
die Purpurwange deckt? –

Du schweigst, antwortest nicht?
Wer redet noch? – –

Dies ist der Herbst: der – bricht dir noch das Herz!
Fliege fort! fliege fort!
»Ich bin nicht schön«
– so spricht die Sternenblume –,
»doch Menschen lieb’ ich
und Menschen tröst’ ich –
sie sollen jetzt noch Blumen sehn,
nach mir sich bücken
ach! und mich brechen –
in ihrem Auge glänzet dann
Erinn’rung auf,
Erinnerung an Schöneres als ich: –
– ich seh’s, ich seh’s – und sterbe so!« –

Dies ist der Herbst: der – bricht dir noch das Herz!
Fliege fort! fliege fort!

Rosenlaui, Sommer 1877

Hans Leifhelm
1891–1947

HERBSTBEGINN

Es leuchten die Winden am Wege schneeweiß,
Es strotzen die Kolben am gilbenden Mais,
Wie schwellende Kugeln aus Kupfer und Gold
Sind die Früchte des Kürbis dem Acker entrollt.

Schon webt im Gehölze ein gelbliches Licht,
Bleichflammend die Herbstzeitlose aufbricht,
Vom nächtigen Grün des Blattes umkränzt,
In Ebenholzschwärze die Einbeere glänzt.

September, September – wildgellend hallt
Der Schrei des Falken über dem Wald,
Die Schlange, noch einmal abstreift sie ihr Kleid,
Zum letzten Empfange der Sonne bereit.

Die Hummel zieht tönend die trächtige Bahn
Im Honigklee und im Thymian,
Die Baldachinspinne ihr Silberwerk spinnt,
Der süße Seim aus den Birnen rinnt.

Mit panischem Warnruf die Drossel entflieht,
Verzaubert steht die Libelle im Ried,
Der Wein auf Mittagshügeln kocht,
Es gilbt der Kranz, den der Sommer flocht.

Schon morgen klirren die Blätter wie Glas,
Schon morgen prallen die Früchte ins Gras,
Schon morgen richten aus kreisendem Flug
Die Schwalben zum Süden den pfeilenden Zug.

Johann Gaudenz von Salis-Seewis
1762–1834

HERBSTLIED

Bunt sind schon die Wälder,
Gelb die Stoppelfelder,
Und der Herbst beginnt.
Rote Blätter fallen,
Graue Nebel wallen,
Kühler weht der Wind.

Wie die volle Traube
Aus dem Rebenlaube
Purpurfarbig strahlt!
Am Geländer reifen
Pfirsiche mit Streifen
Rot und weiß bemalt.

Sieh! Wie hier die Dirne
Emsig Pflaum und Birne
In ihr Körbchen legt!
Dort mit leichten Schritten,
Jene, goldne Quitten
In den Landhof trägt!

Flinke Träger springen,
Und die Mädchen singen,
Alles jubelt froh!
Bunte Bänder schweben,
Zwischen hohen Reben,
Auf dem Hut von Stroh!

Geige tönt und Flöte
Bei der Abendröte
Und im Mondenglanz;
Junge Winzerinnen
Winken und beginnen
frohen Erntetanz.

Erich Kästner
1899–1974

DER SEPTEMBER

Das ist ein Abschied mit Standarten
aus Pflaumenblau und Apfelgrün.
Goldlack und Astern flaggt der Garten,
und tausend Königskerzen glühn.

Das ist ein Abschied mit Posaunen,
mit Erntedank und Bauernball.
Kuhglockenläutend ziehn die braunen
und bunten Herden in den Stall.

Das ist ein Abschied mit Gerüchen
aus einer fast vergessenen Welt.
Mus und Gelee kocht in den Küchen.
Kartoffelfeuer qualmt im Feld.

Das ist ein Abschied mit Getümmel,
mit Huhn am Spieß und Bier im Krug.
Luftschaukeln möchten in den Himmel.
Doch sind sie wohl nicht fromm genug.

Die Stare gehen auf die Reise.
Altweibersommer weht im Wind.
Das ist ein Abschied laut und leise.
Die Karussells drehn sich im Kreise.
Und was vorüber schien, beginnt.

Wilhelm Lehmann
1882–1968

STARENSCHWARM IM BAUM

In das Fell der Rinderherde
Hängt sich das Septemberlicht.
Espe ruht und weißes Staubkorn.
Ach! ich ruhe nicht.

Zwischen Eilen und Verweilen
Suche ich den Raum.
Mögen meine Hände rütteln,
Biegt die Tür sich kaum.

Will das heiße Licht nie welken?
Doch der Schatten längt,
Bis er unter seiner Wimper
Auch das Heute fängt.

Baum, wir mußten beide schweigen
Einen dürren Sommer lang –
Horch, es löst sich Blatt und Rinde
Hundertkehlig im Gesang!

Sprich mich wie den hagern Baum,
Singe du mich, Starenschwarm.
Blattleicht schweben Fuß und Arm,
Mitgeträumt vom Vogeltraum.

Georg Heym
1887–1912

DER HERBST

Viele Drachen stehen in dem Winde,
Tanzend in der weiten Lüfte Reich.
Kinder stehn im Feld in dünnen Kleidern,
Sommersprossig, und mit Stirnen bleich.

In dem Meer der goldnen Stoppeln segeln
Kleine Schiffe, weiß und leicht erbaut;
Und in Träumen seiner leichten Weite
Sinkt der Himmel wolkenüberblaut.

Weit gerückt in unbewegter Ruhe
Steht der Wald wie eine rote Stadt.
Und des Herbstes goldne Flaggen hängen
Von den höchsten Türmen schwer und matt.

Noch einmal treten nun wir in die Sonne,
Aus goldnem Park und den verschwiegnen Treppen,
Wo Silberwind die hohen Wipfel reißet.

Und stehen an der Brunnen trocknen Lippen,
Und sehen hängend in der lichten Stille
Die braunen Blätter mit den dünnen Rippen.

Bertolt Brecht
1898–1956

DRACHENLIED

Fliege, fliege, kleiner Drache
Steig mit Eifer in die Lüfte
Schwing dich, kleine blaue Sache
Über unsre Häusergrüfte!

Wenn wir an der Schnur dich halten
Wirst du in den Lüften bleiben
Knecht der sieben Windsgewalten
Zwingst du sie, dich hochzutreiben.

Wir selbst liegen dir zu Füßen!
Fliege, fliege, kleiner Ahne
Unsrer großen Äroplane
Blick dich um, sie zu begrüßen!

Kurt Tucholsky
1890—1935

SCHÖNER HERBST

Das ist ein sündhaft blauer Tag!
Die Luft ist klar und kalt und windig,
weiß Gott: ein Vormittag, so find ich,
wie man ihn oft erleben mag.

Das ist ein sündhaft blauer Tag!
Jetzt schlägt das Meer mit voller Welle
gewiß an eben diese Stelle,
wo dunnemals der Kurgast lag.

Ich hocke in der großen Stadt:
und siehe, durchs Mansardenfenster
bedräuen mich die Luftgespenster …
Und ich bin müde, satt und matt.

Dumpf stöhnend lieg ich auf dem Bett.
Am Strand wär es im Herbst viel schöner …
Ein Stimmungsbild, zwei Fölljetöner
und eine alte Operett!

Wenn ich nun aber nicht mehr mag!
Schon kratzt die Feder auf dem Bogen —
das Geld hat manches schon verborgen …
Das ist ein sündhaft blauer Tag!

Gerrit Engelke
1890–1918

HERBST

Um die Großstadt sinkt die Welt in Schlaf.
Felder gilben, Wälder ächzen überall.
Wie Blätter fallen draußen alle Tage,
Vom Zeitwind weggeweht.

Ob Ebene und Wald in welkes Sterben fallen,
Ob draußen tost Vergänglichkeit,
Im Stadtberg brüllen Straßen, Hämmer hallen:
Die Stadt dampft heiß in Unrast ohne Zeit.

Marie Luise Kaschnitz
1901–1974

SEPTEMBER

Septembertag. Gleich einer hellen Leier
Vielstimmig rührte sich der Park und sang
Vor meinen Augen trieben zarte Schleier
Und wanderten den Horizont entlang

Dann plötzlich lag's wie Glut auf meinen Wangen
Und hinter der gesenkten Lider Wand
Sah ich die Lebensbäume hell wie Flammen
Und Burg und Berg als einen einz'gen Brand

Ein Donner von Geschützen flog im Kreise
Ein Beben der Vernichtung und Gefahr
Dann aber ward es kühl, ein Atem wehte

Der ging so sanft und löschte das Gesicht
Ich hob den Blick und überm Rosenbeete
Erstand die Welt, so lieblich wie sie war.

Ferdinand von Saar
1833–1906

HERBST

Der du die Wälder färbst,
Sonniger, milder Herbst,
Schöner als Rosenblühn
Dünkt mir dein sanftes Glühn.

Nimmermehr Sturm und Drang,
Nimmermehr Sehnsuchtsklang;
Leise nur atmest du
Tiefer Erfüllung Ruh.

Aber vernehmbar auch
Klaget ein scheuer Hauch,
Der durch die Blätter weht,
Daß es zu Ende geht.

Barthold Hinrich Brockes
1680–1747

GEDANKEN BEI DEM FALL DER BLÄTTER IM HERBST

In einem angenehmen Herbst,
    bei ganz entwölktem heiterm Wetter,
Indem ich im verdünnten Schatten,
    bald Blätter-loser Bäume, geh,
Und des so schön gefärbten Laubes
    annoch vorhandnen Rest beseh,
Befällt mich schnell ein sanfter Regen,
    von selbst herabgesunkner Blätter.

Ein reges Schweben füllt die Luft.
    Es zirkelt, schwärmt und drehte sich,
Ihr bunt, sanft abwärts sinkend Heer;
    doch selten im geraden Strich.
Es schien die Luft, sich zu bemühn,
    den Schmuck, der sie bisher gezieret,
So lang es möglich, zu behalten,
    und hindert ihren schnellen Fall.
Hiedurch ward ihre leichte Last,
    im weiten Luft-Kreis überall,
In kleinen Zirkelchen bewegt,
    in sanften Wirbeln umgeführet,
Bevor ein jedes seinen Zweck,
    und seiner Mutter Schoß berühret;

Um sie, bevor sie aufgelöst,
    und sich dem Sichtlichen entrücken,
Mit Decken, die weit schöner noch,
    als persianische, zu schmücken.

Ich hatte diesem sanften Sinken,
    der Blätter lieblichem Gewühl,
Und dem dadurch, in heitrer Luft,
    erregten angenehmen Spiel,
Der bunten Tropfen schwebendem,
    im lindem Fall formiertem, Drehn,
Mit offnem Aug, und ernstem Denken,
    nun eine Zeitlang zugesehn;
Als ihr von dem geliebten Baum
    freiwilligs Scheiden (da durch Wind,
Durch Regen, durch den scharfen Nord,
    sie nicht herabgestreifet sind;
Nein, willig ihren Sitz verlassen,
    in ihren ungezwungnen Fällen)
Nach ernstem Denken, mich bewog,
    sie mir zum Bilde vorzustellen,
Von einem wohlgeführten Alter,
    und sanftem Sterben; Die hingegen,

Die, durch der Stürme strengen Hauch,
    durch scharfen Frost, durch schweren Regen,
Von ihren Zweigen abgestreift
    und abgerissen, kommen mir,
Wie Menschen, die durch Krieg und Brand
    und Stahl gewaltsam fallen, für.

Wie glücklich, dacht ich, sind die Menschen,
    die den freiwillgen Blättern gleichen,
Und, wenn sie ihres Lebens Ziel,
    in sanfter Ruh und Fried, erreichen;
Der Ordnung der Natur zufolge,
    gelassen scheiden, und erbleichen!

Maximilian Dauthendey
1867–1918

JETZT IST ES HERBST

Jetzt ist es Herbst,
Die Welt ward weit,
Die Berge öffnen ihre Arme
Und reichen dir Unendlichkeit.

Kein Wunsch, kein Wuchs ist mehr im Laub,
Die Bäume sehen in den Staub,
Sie lauschen auf den Schritt der Zeit.
Jetzt ist es Herbst, das Herz ward weit.

Das Herz, das viel gewandert ist,
Das sich verjüngt mit Lust und List,
Das Herz muß gleich den Bäumen lauschen
Und Blicke mit dem Staube tauschen.
Es hat geküßt, ahnt seine Frist,
Das Laub fällt hin, das Herz vergißt.

Paula Ludwig
1900–1974

JAHRESNEIGE

Die Linde ist schon lang verblüht
doch steht ihr Innres noch voll Duft

Das Julifeuer ist verglüht
doch wärmt es noch die dunkle Luft

Gesang der Grille ist verstummt
doch zittert noch im Gras ihr Lied

Noch eine goldne Biene summt
um Blumen – die es nicht mehr gibt –

Am Waldessaum erschrickt ein Wild
vor einem Baume – der entlaubt

Im Weiher spiegelt sich sehr mild
der Sonnenblume schwarzes Haupt –

Vom Rauch der Hütten angelockt
die zahme Herde talwärts wankt

Vom Strauch die bittre Beere brockt
die alte Hand – die nicht mehr dankt –

Der Wandrer prüft des Himmels Blau
und zögert mit dem leichten Schritt –

Am Ufer winkt noch eine Frau
dem Segel nach – das längst entglitt –

Des Landmanns Auge zieht den Kreis
noch einmal um die ganze Flur

und sinnt ein Wort – das niemand weiß
als jener – der vorüberfuhr

Des sommerlichen Fischers Boot
ist nun von großen Dingen leer

was er noch fing im Abendrot
wirft er zurück ins weite Meer –

Christian Morgenstern
1871–1914

SEPTEMBERTAG

Dies ist des Herbstes leidvoll süße Klarheit,
die dich befreit, zugleich sie dich bedrängt;
wenn das kristallene Gewand der Wahrheit
sein kühler Geist um Wald und Berge hängt.

Dies ist des Herbstes leidvoll süße Klarheit …

Rainer Maria Rilke
1875–1926

HERBSTTAG

Herr: es ist Zeit. Der Sommer war sehr groß.
Leg deinen Schatten auf die Sonnenuhren,
und auf den Fluren laß die Winde los.

Befiel den letzten Früchten voll zu sein;
gieb ihnen noch zwei südlichere Tage,
dränge sie zur Vollendung hin und jage
die letzte Süße in den schweren Wein.

Wer jetzt kein Haus hat, baut sich keines mehr.
Wer jetzt allein ist, wird es lange bleiben,
wird wachen, lesen, lange Briefe schreiben
und wird in den Alleen hin und her
unruhig wandern, wenn die Blätter treiben.

Heinrich Heine
1797–1856

DER SCHEIDENDE SOMMER

Das gelbe Laub erzittert,
Es fallen die Blätter herab;
Ach! alles was hold und lieblich
Verwelkt und sinkt ins Grab.

Die Wipfel des Waldes umflimmert
Ein schmerzlicher Sonnenschein;
Das mögen die letzten Küsse
Des scheidenden Sommers sein.

Mir ist als müßt ich weinen
Aus tiefstem Herzensgrund –
Dies Bild erinnert mich wieder
An unsre Abschiedsstund.

Ich mußte von dir scheiden,
Und wußte, du stürbest bald;
Ich war der scheidende Sommer,
Du warst der kranke Wald.

Georg Trakl
1887–1914

HERBSTSEELE

Jägerruf und Blutgebell;
Hinter Kreuz und braunem Hügel
Blindet sacht der Weiherspiegel,
Schreit der Habicht hart und hell.

Über Stoppelfeld und Pfad
Banget schon ein schwarzes Schweigen;
Reiner Himmel in den Zweigen;
Nur der Bach rinnt still und stad.

Bald entgleitet Fisch und Wild.
Blaue Seele, dunkles Wandern
Schied uns bald von Lieben, Andern.
Abend wechselt Sinn und Bild.

Rechten Lebens Brot und Wein,
Gott in deine milden Hände
Legt der Mensch das dunkle Ende,
Alle Schuld und rote Pein.

Sarah Kirsch
★ 1935

DER SEPTEMBER

Der Nebel zerstört die Farbe der Blumen
Und netzt sie, daß sie sich hinlegen
Das goldne Kartoffelkraut
Verbirgt seine Nester nicht länger
Der Landwirt knurrt: Welche Obstschwemme

Theodor Fontane
1819–1898

SPÄTHERBST

Schon mischt sich Rot in der Blätter Grün,
Reseden und Astern sind im Verblühn,
Die Trauben geschnitten, der Hafer gemäht,
Der Herbst ist da, das Jahr wird spät.

Und doch (ob Herbst auch) die Sonne glüht –
Weg drum mit der Schwermut aus deinem Gemüt!
Banne die Sorge, genieße, was frommt,
Eh' Stille, Schnee und Winter kommt.

Theodor Storm
1817–1888

HERBST

I

Schon ins Land der Pyramiden
Flohn die Störche übers Meer;
Schwalbenflug ist längst geschieden,
Auch die Lerche singt nicht mehr.

Seufzend in geheimer Klage
Streift der Wind das letzte Grün;
Und die süßen Sommertage,
Ach, sie sind dahin, dahin!

Nebel hat den Wald verschlungen,
Der dein stillstes Glück gesehn;
Ganz in Duft und Dämmerungen
Will die schöne Welt vergehn.

Nur noch einmal bricht die Sonne
Unaufhaltsam durch den Duft,
Und ein Strahl der alten Wonne
Rieselt über Tal und Kluft.

Und es leuchten Wald und Heide,
Daß man sicher glauben mag,
Hinter allem Winterleide
Lieg' ein ferner Frühlingstag.

2

Die Sense rauscht, die Ähre fällt,
Die Tiere räumen scheu das Feld,
Der Mensch begehrt die ganze Welt.

3

Und sind die Blumen abgeblüht,
So brecht der Äpfel goldne Bälle;
Hin ist die Zeit der Schwärmerei,
So schätzt nun endlich das Reelle!

III

Herbst kehrt ein voll Frucht und Fülle

In seiner Fülle ruhet der Herbsttag nun,
Geläutert ist die Traub, und der Hain ist rot
Von Obst, wenn schon der holden Blüten
Manche der Erde zum Danke fielen.

Friedrich Hölderlin

Friedrich Hebbel
1813–1863

HERBSTBILD

Dies ist ein Herbsttag, wie ich keinen sah!
Die Luft ist still, als atmete man kaum,
Und dennoch fallen raschelnd, fern und nah,
Die schönsten Früchte ab von jedem Baum.

O stört sie nicht, die Feier der Natur!
Dies ist die Lese, die sie selber hält,
Denn heute löst sich von den Zweigen nur,
Was vor dem milden Strahl der Sonne fällt.

Louise Brachmann
1777–1822

DER HERBST

Schon gefallen sind die goldnen Ähren;
Nicht mehr darf in frischem Morgentau
Tiefer Rosenpurpur sich verklären;
Nicht mehr glüht und funkelt Wies und Au.

Leiser wehn die Lieder jetzt, die süßen,
Aus der Wälder bunt durchmischtem Grün;
Weißer Nebelduft entsteigt den Wiesen,
Welchen Morgenstrahlen leicht durchfliehn.

Und so schwebt, mit milderm Sonnenglänzen,
Jetzt der schöne Herbsttag lind empor;
An des Sommers glutbeflammten Grenzen
Wölbt er feierlich sein Siegertor.

Ja, er siegt! Der Höchste von den Preisen,
Er geziemt des Herbstes sanfter Macht;
Was der Frühling schmeichelnd süß verheißen,
Das erfüllt nur er mit Segenspracht.

Seht, wie funkeln aus den Laubgehegen
Süße Früchte, golden, purpurrot,
Duftig hold erquickend uns entgegen,
Wo nur Hoffnung Lenz und Sommer bot.

Nimm nun, schöner Götterjüngling, Gaben,
Lohn bewährten edleren Gefühls,
Was die Flügel nie erflogen haben,
Sieh dich jetzt im Glanz des schönen Ziels.

Dunkles Sehnen, unbestimmtes Schmachten
Schwellt der Herzen junge Frühlingswelt;
Höher ist und himmlischer zu achten,
Was die Treue zarter Hoffnung hält.

Seinen Anker hat dem frommen Glauben
Hier der Treue heilig Band bewahrt;
Nun geheiligt ist das Band der Tauben,
Und noch immer unschuldsvoll und zart.

Oda Schaefer
1900–1988

OKTOBER

O Ahornflamme, Pflaumenblau,
Großer Monat Oktober –
Den Morgen birgt noch ungenau
Ein Nebelflor, ein trübes Grau,
Der Tag steht in Zinnober

Und gelber Sonne Löwenkraft,
Safranfeuer erglühen –
In Keltern schwimmt der dunkle Saft,
Dem süßen Fleisch der Frucht entrafft
Aus sommerlichem Blühen.

O Georgina, Asternstern,
Schwere, welkende Namen –
Der Dahlien Abschied leuchtet fern,
Es senkt der Sonnenblumenkern
Ins Nächste schon den Samen.

Friedrich Hölderlin
1770–1843

HÄLFTE DES LEBENS

Mit gelben Birnen hänget
Und voll mit wilden Rosen
Das Land in den See,
Ihr holden Schwäne,
Und trunken von Küssen
Tunkt ihr das Haupt
Ins heilignüchterne Wasser.

Weh mir, wo nehm' ich, wenn
Es Winter ist, die Blumen, und wo
Den Sonnenschein,
Und Schatten der Erde?
Die Mauern stehn
Sprachlos und kalt, im Winde
Klirren die Fahnen.

Georg Trakl
1887–1914

DER HERBST DES EINSAMEN

Der dunkle Herbst kehrt ein voll Frucht und Fülle,
Vergilbter Glanz von schönen Sommertagen.
Ein reines Blau tritt aus verfallner Hülle;
Der Flug der Vögel tönt von alten Sagen.
Gekeltert ist der Wein, die milde Stille
Erfüllt von leiser Antwort dunkler Fragen.

Und hier und dort ein Kreuz auf ödem Hügel;
Im roten Wald verliert sich eine Herde.
Die Wolke wandert übern Weiherspiegel;
Es ruht des Landmanns ruhige Gebärde.
Sehr leise rührt des Abends blauer Flügel
Ein Dach von dürrem Stroh, die schwarze Erde.

Bald nisten Sterne in des Müden Brauen;
In kühle Stuben kehrt ein still Bescheiden,
Und Engel treten leise aus den blauen
Augen der Liebenden, die sanfter leiden.
Es rauscht das Rohr; anfällt ein knöchern Grauen,
Wenn schwarz der Tau tropft von den kahlen Weiden.

Christian Morgenstern
1871–1914

BLÄTTERFALL

Der Herbstwald raschelt um mich her …
Ein unabsehbar Blättermeer
entperlt dem Netz der Zweige.
Du aber, dessen schweres Herz
mitklagen will den großen Schmerz –
sei stark, sei stark und schweige!

Du lerne lächeln, wenn das Laub,
dem leichten Wind ein leichter Raub,
hinabschwankt und verschwindet.
Du weißt, daß just Vergänglichkeit
das Schwert, womit der Geist der Zeit
sich selber überwindet.

Klabund
1890–1928

RAUSCHE, LAUB, AM BRAUNEN HANG

Rausche, Laub, am braunen Hang,
Rausche deine bunten Blätter
Mir hernieder in den Gang.

Erst fiel eines wie ein Tropfen
Ferner Wetter.
Nun sinds viele, die wie Schmetter-
linge tot den Boden klopfen.

Und vom Baum sah ich ein Blatt sich falten.
Ist es eine Blüte? Farbentrunken
Ist sie schon auf mich herabgesunken,
Und die Hände
Halten
Eines Jahres Sonnenbrände.

Rot und glühend zuckte es im Teller
Meiner Hand, auf der die Blicke brannten,
Während meine wehen Sohlen schneller
Durch das tote Laub am Boden rannten.

Friedrich Karl von Gerok
1815–1890

HERBSTGEFÜHL

Müder Glanz der Sonne!
Blasses Himmelblau!
Von verklungner Wonne
Träumet stillt die Au'.

An der letzten Rose
Löset lebenssatt
Sich das letzte, lose,
Bleiche Blumenblatt.

Goldenes Entfärben
Schleicht sich durch den Hain;
Auch Vergehn und Sterben
Däucht mir süß zu sein.

Johann Heinrich Voß
1751–1826

HERBSTSEGEN

Wohl ist der Herbst ein Ehrenmann;
Er bringt uns große Freude,
Nas, Aug und Gaumen lockt er an
Und überspinnt talab, bergan
Das Feld mit bunter Seide.

Schon lange lüstert' uns der Gaum,
Aus seinem Korb zu naschen;
Wann reift doch Apfel, Pfirsich, Pflaum!
Oft sehn und hören wir im Traum,
Wie's niederrauscht, und haschen.

Schaut auf und jubelt hoch im Tanz,
Wie sich die Bäume färben
Gelb, rot und blau im bunten Glanz!
Er kommt, er kommt im Asterkranz,
Der Herbst mit vollen Körben.

Der Baum dort mit gestütztem Ast,
Er will so gerne geben!
Den Apfelbrecher her in Hast
Und nehmt behend ihm seine Last,
Im Winter hoch zu leben!

Was lauscht und klappert dort und kracht?
Da hagelt's welsche Nüsse.
Frisch abgehülst und ausgemacht!
Wie euch der Kern entgegenlacht,
Milchweiß und mandelsüße!

Komm, Boreas, und stürme du,
Das Laub der Bäume nieder!
Wir machen dir das Pförtchen zu
Und naschen Nüß und Obst in Ruh
Und singen frohe Lieder.

August Heinrich Hoffmann von Fallersleben
1798–1874

KIRMESS

Jetzt hebt die Kirmeß an!
Der Bauer ist geworden ein Edelmann:
Er kennt nicht Pferd und Pflug,
Nicht Supp und Wasserkrug,
Er sitzt sehr wohl gezogen,
Gestützt den Ellenbogen
In guter Ruh
Vor einem hellen Gläschen Wein,
Und trinkt dem Nachbar zu
Und denkt: so muß es sein!

Und ist die Kirmeß aus,
Da geht der Edelmann als Bauer nach Haus.
Weil er kein Geld mehr hat,
So fährt er in die Stadt
Ganz nüchtern und bescheiden
Ein Fuder trockne Weiden
Und etwas Holz.
Und wird ihm Geld, gleich kehrt er ein
Und trinkt sich wieder stolz
Und denkt: so muß es sein!

Anonym

Der Herbst

Schon kömmt auf rauhen Schwingen
Des kalten Winters Bruder,
Der reiche Herbst, geflogen.
Des Nordwinds kaltes Sausen
Durchstreichet schon die Wipfel
Der hohen Birk und Eiche,
Und raubet ihre Blätter.
Es flieht der holde Zephyr
Von halbverwelkten Blumen,
Von Nelken und von Rosen.
Die jugendliche Freude
Eilt mit den muntern Schönen
Von den erstorbnen Auen,
Zum wärmenden Kamine,
Wo sie bey frohem Scherze,
Und angenehmen Tänzen,
Und Anmuths-vollen Spielen,
Und zärtlichen Gesprächen,
Der buntgemalten Früchte,
Des edlen Herbsts, geniessen.
Da auch bey rauhem Winde,
Und ungestümen Regen

Sich noch die Schönen freuen:
So sollt ich traurig sitzen,
Und nur allein der Freude
Und stiller Lust entsagen?
Komm, Doris, bring die Schaalen,
Voll honigsüsser Früchte.
Doch, bring, den Herbst zu fühlen,
Mir auch die hellen Gläser,
Gefüllt mit süssem Moste,
Und angenehmen Weine.
Komm, lass uns küssend trinken!

Theodor Storm
1817–1888

OKTOBERLIED

Der Nebel steigt, es fällt das Laub;
Schenk ein den Wein, den holden!
Wir wollen uns den grauen Tag
Vergolden, ja vergolden!

Und geht es draußen noch so toll,
Unchristlich oder christlich,
Ist doch die Welt, die schöne Welt,
So gänzlich unverwüstlich!

Und wimmert auch einmal das Herz –
Stoß an und laß es klingen!
Wir wissen's doch, ein rechtes Herz
Ist gar nicht umzubringen.

Der Nebel steigt, es fällt das Laub;
Schenk ein den Wein, den holden!
Wir wollen uns den grauen Tag
Vergolden, ja vergolden!

Wohl ist es Herbst; doch warte nur,
Doch warte nur ein Weilchen!
Der Frühling kommt, der Himmel lacht,
Es steht die Welt in Veilchen.

Die blauen Tage brechen an,
Und ehe sie verfließen,
Wir wollen sie, mein wackrer Freund,
Genießen, ja genießen!

Klabund
1890–1928

DER SÜDLICHE HERBST
Für Anny

II

Noch sind voll grünem Laube die Platanen.
Die Reben hängen an den Stöcken schwer.
Die Menschen frieren in den Eisenbahnen
Voll Ahnung frühen Winters allzusehr.

Ja: morgen ist die letzte Traubenlesung;
Dann gibt der Winter uns den milden Wein
Und schenkt uns Wehmut und Verzweiflung ein.
Ich rieche dich im Laube der Verwesung …

Annette von Droste-Hülshoff
1797–1848

HERBST

Wenn ich an einem schönen Tag
Der Mittagsstunde habe acht
Und lehne unter meinem Baum
So mitten in der Trauben Pracht;

Wenn die Zeitlose übers Tal
Den amethystnen Teppich webt,
Auf dem der letzte Schmetterling
So schillernd wie der frühste bebt:

Dann denk ich wenig drüber nach,
Wies nun verkümmert Tag für Tag,
Und kann mit halbverschloßnem Blick
Vom Lenze träumen und von Glück.

Du mit dem frischgefallnen Schnee,
Du tust mir in den Augen weh!
Willst uns den Winter schon bereiten?
Von Schlucht zu Schlucht sieht man ihn gleiten,
Und bald, bald wälzt er sich herab
Von dir, o Säntis! ödes Grab!

Theodor Storm
1817–1888

KOMM, LASS UNS SPIELEN

Wie bald des Sommers holdes Fest verging!
Rauh weht der Herbst; wird's denn auch Frühling wieder?

Da fällt ein bleicher Sonnenstrahl hernieder –
Komm, laß uns spielen, weißer Schmetterling!

Ach, keine Nelke, keine Rose mehr;
Am Himmel fährt ein kalt Gewölk daher!

Weh, wie so bald des Sommers Lust verging –
O komm! Wo bist du, weißer Schmetterling?

Theodor Fontane
1819–1898

O TRÜBE DIESE TAGE NICHT

O trübe diese Tage nicht,
Sie sind der letzte Sonnenschein;
Wie lange, und es lischt das Licht,
Und unser Winter bricht herein.

Dies ist die Zeit, wo jeder Tag
Viel Tage gilt in seinem Wert,
Weil man's nicht mehr erhoffen mag,
Daß *so* die Stunde wiederkehrt.

Die Flut des Lebens ist dahin,
Es ebbt in seinem Stolz und Reiz,
Und sieh, es schleicht in unsern Sinn
Ein banger, nie gekannter Geiz;

Ein süßer Geiz, der Stunden zählt
Und jede prüft auf ihren Glanz –
O sorge, daß uns keine fehlt,
Und gönn uns jede Stunde *ganz*.

Johann Wolfgang von Goethe
1749–1832

HERBSTGEFÜHL

Fetter grüne, du Laub,
Am Rebengeländer
Hier mein Fenster herauf!
Gedrängter quellet,
Zwillingsbeeren, und reifet
Schneller und glänzend voller!
Euch brütet der Mutter Sonne
Scheideblick, euch umsäuselt
Des holden Himmels
Fruchtende Fülle;
Euch kühlet des Mondes
Freundlicher Zauberhauch,
Und euch betauen, ach!
Aus diesen Augen
Der ewig belebenden Liebe
Vollschwellende Tränen.

Conrad Ferdinand Meyer
1825–1898

FÜLLE

Genug ist nicht genug! Gepriesen werde
Der Herbst! Kein Ast, der seiner Frucht entbehrte!
Tief beugt sich mancher allzureich beschwerte,
Der Apfel fällt mit dumpfem Laut zur Erde.

Genug ist nicht genug! Es lacht im Laube!
Die saftge Pfirsche winkt dem durstgen Munde!
Die trunknen Wespen summen in die Runde:
»Genug ist nicht genug!« um eine Traube.

Genug ist nicht genug! Mit vollen Zügen
Schlürft Dichtergeist am Borne des Genusses,
Das Herz, auch es bedarf des Überflusses,
Genug kann nie und nimmermehr genügen!

Friedrich Rückert
1788–1866

Du, dieses Jahres Abend, Herbst

Du, dieses Jahres Abend, Herbst,
Sei meines Lebensabends Bild!
Wie langsam du den Hain entfärbst,
Und deine Sonn ist frühlingsmild:
Es lacht das grünende Gefild
Tief im Oktober ohne Frost,
Und in der Traube schwillt der Most,
Wie in der Brust Begeistrung schwillt.

Georg Trakl
1887–1914

VERKLÄRTER HERBST

Gewaltig endet so das Jahr
Mit goldnem Wein und Frucht der Gärten.
Rund schweigen Wälder wunderbar
Und sind des Einsamen Gefährten.

Da sagt der Landmann: Es ist gut.
Ihr Abendglocken lang und leise
Gebt noch zum Ende frohen Mut.
Ein Vogelzug grüßt auf der Reise.

Es ist der Liebe milde Zeit.
Im Kahn den blauen Fluß hinunter
Wie schön sich Bild an Bildchen reiht –
Das geht in Ruh und Schweigen unter.

Friedrich Hölderlin
1770–1843

Der Herbst

Das Glänzen der Natur ist höheres Erscheinen,
Wo sich der Tag mit vielen Freuden endet,
Es ist das Jahr, das sich mit Pracht vollendet,
Wo Früchte sich mit frohem Glanz vereinen.

Das Erdenrund ist so geschmückt, und selten lärmet
Der Schall durchs offne Feld, die Sonne wärmet
Den Tag des Herbstes mild, die Felder stehen
Als eine Aussicht weit, die Lüfte wehen

Die Zweig und Äste durch mit frohem Rauschen,
Wenn schon mit Leere sich die Felder dann vertauschen,
Der ganze Sinn des hellen Bildes lebet
Als wie ein Bild, das goldne Pracht umschwebet.

Albrecht Goes
1908–2000

Spät im Jahr

Habt Vorrat ihr genug, ihr meine Augen,
Für einen Winter, lang und weiß und grau?
Nehmt noch dies Asternrot, dies weiche Lila,
Dies späte Gelb, dies herbstlich klare Blau

Und nehmt den Silberglanz der großen Flüge
Des Habichts und des Eichelhähers wahr,
Und auch den Birnbaum nehmt, ein goldnes Gleichnis
Des Überschwangs vom segensreichen Jahr.

Und endlich nehmt das Lächeln und die reine
Strahlung des schönen Menschenangesichts,
Und alle Nacht wird herrlich euch erhellt sein
Vom farbgen Widerschein geliebten Lichts.

IV

LEISER WEHN DIE LIEDER

Leiser wird die Hand, der Mund,
stiller die Gebärde.
Heimlich, wie auf Meeresgrund
träumen Mensch und Erde.

Christian Morgenstern

Stefan George
1868–1933

KOMM IN DEN TOTGESAGTEN PARK UND SCHAU

Komm in den totgesagten park und schau:
Der schimmer ferner lächelnder gestade ·
Der reinen wolken unverhofftes blau
Erhellt die weiher und die bunten pfade.

Dort nimm das tiefe gelb · das weiche grau
Von birken und von buchs · der wind ist lau ·
Die späten rosen welkten noch nicht ganz ·
Erlese küsse sie und flicht den kranz ·

Vergiss auch diese lezten astern nicht ·
Den purpur um die ranken wilder reben ·
Und auch was übrig blieb von grünem leben
Verwinde leicht im herbstlichen gesicht.

Hermann von Gilm zu Rosenegg
1812–1864

ALLERSEELEN

Stell' auf den Tisch die duftenden Reseden,
Die letzten roten Astern trag' herbei
Und laß uns wieder von der Liebe reden,
     Wie einst im Mai.

Gib mir die Hand, daß ich sie heimlich drücke,
Und wenn man's sieht, mir ist es einerlei;
Gib mir nur einen deiner süßen Blicke,
     Wie einst im Mai.

Es blüht und funkelt heut' auf jedem Grabe,
Ein Tag im Jahre ist den Toten frei;
Komm' an mein Herz, daß ich dich wieder habe,
     Wie einst im Mai.

Christian Morgenstern
1871–1914

NOVEMBERTAG

Nebel hängt wie Rauch ums Haus,
drängt die Welt nach innen;
ohne Not geht niemand aus;
alles fällt in Sinnen.

Leiser wird die Hand, der Mund,
stiller die Gebärde.
Heimlich, wie auf Meeresgrund
träumen Mensch und Erde.

Martin Greif
1839–1911

HERBSTGEFÜHL

Wie ferne Tritte hörst du's schallen,
Doch weit umher ist nichts zu sehn,
Als wie die Blätter träumend fallen
Und rauschend mit dem Wind verwehn.

Es dringt hervor wie leise Klagen,
Die immer neuem Schmerz entstehn,
Wie Wehruf aus entschwundnen Tagen,
Wie stetes Kommen und Vergehn.
Du hörst, wie durch der Bäume Gipfel
Die Stunden unaufhaltsam gehn,
Der Nebel regnet in die Wipfel,
Du weinst und kannst es nicht verstehn.

Robert Hamerling
1830—1889

Aus »Waldgang im Herbst«

Hellfarbig hängen an den Bergen die Wälder,
Drinnen aber, wo
Von stürzenden Wassern
Donnert die Schlucht und unter Nordwinden
Die Wipfel krachen
Und niedergeht von gelben Blättern ein Schauer,
Und wo zwischen Ästen rauchen die Nebel,
Herunterhängend
Vom triefenden Himmel
In die Pfade des Waldes: da wandr' ich
Einsame Nachmittage lang
Zwischen Eichen und Tannen,
Hoch oben bald, wo Raben krächzen,
Und wo, Felsgipfeln entstürzt,
Gesammelt in granitnen Schalen, der Bergquell,
Und hinab dann über Trümmer und entwurzelte
                    Baumstämme,
Bis unter mir erbrauset das Tal,
Und zum Gießbach geworden der Bergquell,
Der, entführend die letzten der Waldblumen,
Breit und furchtbar durchs hallende Tal hin
Wälzt den gelben Strom, den regengeschwellten,
Daß unschlüssig eine Weile

Zaudert der Fuß und erschrocken
Der Pilger steht und bestaunt den heiser brausenden
Inmitten der Waldesstille:
    Dem aber folg ich
    Gedankenvoll
    Bis an die Schlucht
    Und bis der Abend kommt,
    Wo ineinander rinnen
    Mit des Nebels Bildern
    Die Schatten der Nacht.

Cäsar Flaischlen
1864–1920

SO REGNET ES SICH LANGSAM EIN …

So regnet es sich langsam ein
und immer kürzer wird der Tag und immer seltener
der Sonnenschein …

Ich sah am Waldrand gestern ein paar Rosen stehn …
gib mir die Hand und komm … wir wollen Sie uns
pflücken gehn …

Es werden wohl die letzten sein!

Joachim Ringelnatz
1883–1934

HERBST

Der Herbst schert hurtig Berg und Tal
Mit kalter Schere ratzekahl.
Der Vogel reist nach warmer Ferne;
Wir alle folgten ihm so gerne.

Das Laub ist gelb und welk geworden,
Grün blieb nur Fichte noch und Tann'.
Huhu! Schon meldet sich im Norden
Der Winter mit dem Weihnachtsmann.

Heinrich Seidel
1842–1906

NOVEMBER

Solchen Monat muß man loben:
Keiner kann wie dieser toben,
Keiner so verdrießlich sein
Und so ohne Sonnenschein!
Keiner so in Wolken maulen,
Keiner so mit Sturmwind graulen!
Und wie naß er alles macht!
Ja, es ist 'ne wahre Pracht!

Seht das schöne Schlackerwetter!
Und die armen welken Blätter,
Wie sie tanzen in dem Wind
Und so ganz verloren sind!
Wie der Sturm sie jagt und zwirbelt
Und sie durcheinanderwirbelt
Und sie hetzt ohn' Unterlaß:
Ja, das ist Novemberspaß!

Und die Scheiben, wie sie rinnen!
Und die Wolken, wie sie spinnen
Ihren feuchten Himmelstau
Ur und ewig, trüb und grau!
Auf dem Dach die Regentropfen:
Wie sie pochen, wie sie klopfen!
Schimmernd hängt's an jedem Zweig,
Einer dicken Träne gleich.

O, wie ist der Mann zu loben,
Der solch unvernünft'ges Toben
Schon im voraus hat bedacht
Und die Häuser hohl gemacht!
So, daß wir im Trocknen hausen
Und mit stillvergnügtem Grausen
Und in wohlgeborgner Ruh
Solchem Greuel schauen zu!

Detlev von Liliencron
1844–1909

In Herbstestagen bricht mit starkem Flügel

In Herbstestagen bricht mit starkem Flügel
Der Reiher durch den Nebelduft.
Wie still es ist; kaum hör ich um den Hügel
Noch einen Laut in weiter Luft.

Auf eines Birkenstämmchens schwanker Krone
Ruht sich ein Wanderfalke aus.
Doch schläft er nicht, von seinem leichten Throne
Äugt er durchdringend scharf hinaus.

Der alte Bauer mit verhaltnem Schritte
Schleicht neben seinem Wagen Torf.
Und holpernd, stolpernd schleppt mit lahmem Tritte
Der alte Schimmel ihn ins Dorf.

Anonym

Einladung zur Martinsgans

Wann der heilge Sankt Martin
Will der Bischofsehr entfliehn,
Sitzt er in dem Gänsestall
Niemand findt ihn überall,
Bis der Gänse groß Geschrey
Seine Sucher ruft herbey.

Nun dieweil das Gickgackslied
Diesen heilgen Mann verrieth,
Dafür thut am Martinstag
Man den Gänsen diese Plag,
Daß ein strenges Todesrecht
Gehn muß über ihr Geschlecht.

Drum wir billig halten auch
Diesen alten Martinsbrauch,
Laden fein zu diesem Fest
Unsre allerliebste Gäst
Auf die Martinsgänslein ein,
Bey Musik und kühlem Wein.

August Graf von Platen
1796–1835

AN EINE GEISSBLATTRANKE

Zwischen Fichtenbäumen in der Öde
Find ich, teure Blüte, dich so spat?
Rauhe Lüfte hauchen schnöde,
Da sich eisig schon der Winter naht.

Dicht auf Bergen lagen Nebelstreifen,
Hinter denen längst die Sonne schlief,
Als noch übers Feld zu schweifen
Mich ein inniges Verlangen rief.

Da verriet dich dein Geruch dem Wandrer,
Deine Weiße, die dich blendend schmückt:
Wohl mir, daß vor mir kein andrer
Dich gesehn und dich mir weggepflückt.

Wolltest du mit deinem Dufte warten,
Bis ich käm an diesen stillen Ort?
Blühtest ohne Beet und Garten
Hier im Wald bis in den Winter fort?

Wert ist wohl die spät gefundne Blume,
Daß ein Jüngling in sein Lied sie mischt,
Sie vergleichend einem Ruhme,
Der noch wächst, da schon so viel erlischt.

Heinrich Heine
1797–1856

SPÄTHERBSTNEBEL, KALTE TRÄUME

Spätherbstnebel, kalte Träume,
Überfloren Berg und Tal,
Sturm entblättert schon die Bäume,
Und sie schaun gespenstisch kahl.

Nur ein einzger, traurig schweigsam
Einzger Baum steht unentlaubt,
Feucht von Wehmutstränen gleichsam,
Schüttelt er sein grünes Haupt.

Ach, mein Herz gleicht dieser Wildnis,
Und der Baum, den ich dort schau
Sommergrün, das ist dein Bildnis,
Vielgeliebte, schöne Frau!

Rainer Maria Rilke
1875–1926

BANGNIS

Im welken Walde ist ein Vogelruf,
der sinnlos scheint in diesem welken Walde.
Und dennoch ruht der runde Vogelruf
in dieser Weile, die ihn schuf,
breit wie ein Himmel auf dem welken Walde.
Gefügig räumt sich alles in den Schrei.
Das ganze Land scheint lautlos drin zu liegen,
der große Wind scheint sich hineinzuschmiegen,
und die Minute, welche weiter will,
ist bleich und still, als ob sie Dinge wüßte,
an denen jeder sterben müßte,
aus ihm herausgestiegen.

Siegfried August Mahlmann
1771–1826

HERBSTBLICK

Aus trüber Dämmrung blickt ein Strahl,
So trüb, als käm ers letzte Mal,
Als käm er nur, um zuzusehn,
Wie seine Lieben schlafen gehn!

Er blickt auf der Vollendung Staub,
Gefallne Blüten, welkes Laub,
Ein Bette, das zur langen Nacht
Die müde Welt sich seufzend macht.

– So sehn dereinst auch ich und du
Dem Welken unsrer Blüten zu;
So fällt auch unser Abschiedsblick
Einst aus der bessern Welt zurück.

Friedrich Hebbel
1813–1863

SPAZIERGANG AM HERBSTABEND

Wenn ich abends einsam gehe
Und die Blätter fallen sehe,
Finsternisse niederwallen,
Ferne, fromme Glocken hallen:

Ach, wie viele sanfte Bilder,
Immer inniger und milder,
Schatten längst vergangner Zeiten,
Seh ich dann vorübergleiten.

Was ich in den fernsten Stunden,
Oft nur halb bewußt, empfunden,
Dämmert auf in Seel und Sinnen,
Mich noch einmal zu umspinnen.

Und im inneren Zerfließen
Mein ich's wieder zu genießen,
Was mich vormals glücklich machte,
Oder mir Vergessen brachte.

Doch, dann frag ich mich mit Beben:
Ist so ganz verarmt dein Leben?
Was du jetzt ersehnst mit Schmerzen,
Sprich, was war es einst dem Herzen?

Völlig dunkel ist's geworden,
Schärfer bläst der Wind aus Norden,
Und dies Blatt, dies kalt benetzte,
Ist vielleicht vom Baum das letzte.

Georg Heym
1887–1912

DER HERBSTLICHE GARTEN

Der Ströme Seelen, der Winde Wesen
Gehet rein in den Abend hinunter,
In den schilfigen Buchten, wo herber und bunter
Die brennenden Wälder im Herbste verwesen.

Die Schiffe fahren im blanken Scheine,
Und die Sonne scheidet unten im Westen,
Aber die langen Weiden mit traurigen Ästen
Hängen über die Wasser und Weine.

In der sterbenden Gärten Schweigen,
In der goldenen Bäume Verderben
Gehen die Stimmen, die leise steigen
In dem fahlen Laube und fallenden Sterben.

Aus gestorbener Liebe in dämmrigen Stegen
Winket und wehet ein flatterndes Tuch,
Und es ist in den einsamen Wegen
Abendlich kühl, und ein welker Geruch.

Aber die freien Felder sind reiner
Da sie der herbstliche Regen gefegt.
Und die Birken sind in der Dämmerung kleiner,
Die ein Wind in leiser Sehnsucht bewegt.

Und die wenigen Sterne stehen
Über den Weiten in ruhigem Bilde.
Laßt uns noch einmal vorübergehen,
Denn der Abend ist rosig und milde.

Johann Gaudenz von Salis-Seewis
1762–1834

DIE HERBSTNACHT

Der Mond, umwallt von Wolken, schwimmt
Im feuchten Blau der Luft;
Der Forstteich, matt versilbert, glimmt
Durch zarten Nebelduft;
Die Glut, vom Hirtenkreis umwacht,
Verschwärzt, entflackernd, rings die Nacht;
Eintönig rollt vom Brunnenrohr
Der Wasserstrang, der sich verschlürft;
Und zarte, graue Schatten wirft
Schräghin das Kirchhoftor.

Das Netz der Zuggewölke schwillt
Zum Zelt des Blitzes auf;
Der Mond, in Wettergraun gehüllt,
Verschied nach halbem Lauf.
Des Irrlichts bläulich siecher Schein
Erlischt im Torf am Tannenhain.
Des Zeigers Goldblatt blinket matt,
Umflort von feuchtem Nebelrauch,
Und ängstlich zückt im Erlenstrauch
Sein letztes dürres Blatt.

Hier, wo aus langer Nacht empor
Sich die Betrachtung reißt,
Bedrückt das Herz ein Schwermutsflor;
Doch Frührot hellt den Geist.
Des Schicksals Wolken fliehn zerstreut;
Aus Dunkel strahlt die Herrlichkeit.
Der Unschuld Rose blüht bewährt,
Durch Stürme nicht des Dufts beraubt,
Da durch die Nacht der Tugend Haupt
Nur hehrer sich verklärt.

Durch Seelenkraft und festen Mut
Wird Wahn und Schmerz besiegt,
Der weise Glaube fühlt als gut,
Was Allmacht liebend fügt.
Ein Kind im Mutterschoße ruht
So achtlos bei der Blitze Glut.
Auf Pfade der Gelassenheit
Glänzt Hoffnung im Gewitterlicht;
Und in des Todes Blitz verflicht
Den Strahl – Unsterblichkeit!

Peter Handke
* 1942

IN DEN LETZTEN TAGEN

In den letzten Tagen
ist die Natur musikalisch geworden
Ihre Schönheit wurde menschlich
und ihre Herrlichkeit auch innerlich
mit Vergnügen bin ich im Laub geschlurft
und hinter einem parfümierten Pudel
hergegangen
Die Büsche haben sich bewegt
wie wenn Manöversoldaten darunter getarnt
wären
tierisch leibhaftig standen die tiefbraunen
Fichten vor dem Fenster
und an einer Stelle inmitten der düsteren
Landschaft
flimmerten die Birkenblätter so hell wie ein
Schmerzenslaut
»Ach!« habe ich gedacht
Weiter weg zog hinter den Häusern Rauch vorbei
und die Fernsehantennen sind davor Monumente
geworden

Mit jedem Tag sah man in den Laubbäumen
mehr von dem Astwerk
die wenigen Grashalme die nach dem letzten
Mähen noch nachgewachsen waren
glänzten so innig
daß ich Angst vor dem Weltuntergang kriegte
in meinem menschlichen Widerschein lächelte
sogar der Verputz an den Häusern

Georg Britting
1891–1964

SCHÖNER NOVEMBERTAG

Weil die Äste schon kahl sind,
Fließt das Licht leichter durch sie,
Auch harft übern Fluß her der Wind,
So süß wie noch nie.

Wie eine riesige Frucht
Hängt die Sonne im Blau.
Wer sie jetzt nicht mehr sucht,
Findet am Dornstrauch die Beere, die schlau
Im Laub des Sommers sich barg.

Der Fisch in der kiesigen Bucht
Hat Flossen rosenrot,
Und steht so still, als wäre
Er wie das Schneewittchen im gläsernen Sarg
Verzaubert und tot.

Erich Kästner
1899–1974

EXEMPLARISCHE HERBSTNACHT

Nachts sind die Straßen so leer.
Nur ganz mitunter
markiert ein Auto Verkehr.
Ein Rudel bunter
raschelnder Blätter jagt hinterher.

Die Blätter haschen und hetzen.
Und doch weht kein Wind.
Sie rascheln wie Fetzen und hetzen
und folgen geheimen Gesetzen,
obwohl sie gestorben sind.

Nachts sind die Straßen so leer.
Die Lampen brennen nicht mehr.
Man geht und möchte nicht stören.
Man könnte das Gras wachsen hören,
wenn Gras auf den Straßen wär.

Der Himmel ist kalt und weit.
Auf der Milchstraße hat's geschneit.
Man hört seine Schritte wandern,
als wären es Schritte von andern,
und geht mit sich selber zu zweit.

Nachts sind die Straßen so leer.
Die Menschen legten sich nieder.
Nun schlafen sie, treu und bieder.
Und morgen fallen sie wieder
übereinander her.

Heinrich Heine
1787–1856

DER HERBSTWIND RÜTTELT DIE BÄUME

Der Herbstwind rüttelt die Bäume,
Die Nacht ist feucht und kalt;
Gehüllt im grauen Mantel,
Reite ich einsam im Wald.

Und wie ich reite, so reiten
Mir die Gedanken voraus;
Sie tragen mich leicht und luftig
Nach meiner Liebsten Haus.

Die Hunde bellen, die Diener
Erscheinen mit Kerzengeflirr;
Die Wendeltreppe stürm ich
Hinauf mit Sporengeklirr.

Im leuchtenden Teppichgemache,
Da ist es so duftig und warm,
Da harret meiner die Holde –
Ich fliege in ihren Arm.

Es säuselt der Wind in den Blättern,
Es spricht der Eichenbaum:
Was willst du, törichter Reiter,
Mit deinem törichten Traum?

Nikolaus Lenau
1802–1850

RINGS EIN VERSTUMMEN, EIN ENTFÄRBEN

Rings ein Verstummen, ein Entfärben;
Wie sanft den Wald die Lüfte streicheln,
Sein welkes Laub ihm abzuschmeicheln!
Ich liebe dieses milde Sterben.

Von hinnen geht die stille Reise,
Die Zeit der Liebe ist verklungen,
Die Vögel haben ausgesungen,
Und dürre Blätter sinken leise.

Die Vögel zogen nach dem Süden,
Aus dem Verfall des Laubes tauchen
Die Nester, die nicht Schutz mehr brauchen,
Die Blätter fallen stets, die müden.

In dieses Waldes leisem Rauschen
Ist mir, als hör' ich Kunde wehen,
Daß alles Sterben und Vergehen
Nur heimlichstill vergnügtes Tauschen.

Rose Ausländer
1901–1988

HERBST

Auch im Herbst
singen die Vögel
dies auserwählte Volk

Wir Maskenträger
haben verlernt
zu lauschen
dem Amselgespräch
und der innern Musik

Herbst
der freundliche Feind

Leg deinen Raum
in den Rahmen
der Zeit

Rainer Maria Rilke
1875–1926

HERBST

Die Blätter fallen, fallen wie von weit,
als welkten in den Himmeln ferne Gärten;
sie fallen mit verneinender Gebärde.

Und in den Nächten fällt die schwere Erde
aus allen Sternen in die Einsamkeit.

Wir alle fallen. Diese Hand da fällt.
Und sieh dir andre an: es ist in allen.

Und doch ist Einer, welcher dieses Fallen
unendlich sanft in seinen Händen hält.

Mascha Kaléko
1907–1975

EIN WELKES BLATT …

Ein welkes Blatt – und jedermann weiß: Herbst.
Fröstelnd klirren die Fenster zur Nacht.
O grüne Welt, wie grell du dich verfärbst!

Schon raschelt der Winter im Laube.
Und die Vögel haben, husch, sich aus dem Staube
Gemacht.

Wie letzte Früchte fielen ihre Lieder vom Baum.
Nun haust der Wind in den Zweigen.

Die Alten im Park, sie neigen
Das Haupt noch tiefer. Und auch die Liebenden
Schweigen.

Bald sind alle Boote im Hafen.
Die Schwäne am Weiher schlafen
Im Nebellicht.

Sommer – entflogener Traum!
Und Frühling – welch sagenhaft fernes Gerücht!

Ein welkes Blatt treibt still im weiten Raum,
Und alle wissen: Herbst.

ANHANG

Zu dieser Ausgabe

Alle Blüten müssen vergehn, daß Früchte beglücken;
Blüten und Frucht zugleich gebet ihr Musen allein.
J. W. v. Goethe

Der Herbst als eine Zeit des Abschieds, aber auch der Vollendung, hat Poeten durch die Jahrhunderte hindurch immer wieder dazu inspiriert, ihr Erleben in Verse zu bringen. Das wehmütige Erinnern an den zu Ende gehenden Sommer steht neben der Faszination über die Fülle an Gaben, die der Herbst uns schenkt, die bange Vorahnung auf die Winterzeit verwebt sich mit dem Ausblick auf einen neuen Frühling.

Wie jede Anthologie ist auch die vorliegende Sammlung eine subjektive Auslese. Sie versucht dennoch, mit 88 Gedichten deutschsprachiger Autoren, die Vielfalt der herbstlichen Lyrik einzufangen und zu ermuntern, diese Jahreszeit mit den Augen der Dichter zu genießen.

Der Aufbruch der Zugvögel in wärmere Gefilde und herbstlicher Blumenflor sind die ersten Anzeichen des scheidenden Sommers: Mit diesem Auftakt wird der Gedicht-Reigen durch die Monate hindurch eröffnet – angefangen mit dem Altweibersommer im September, über den Erntemonat Oktober bis hin zum Spätherbst mit dem kühlen Nebelmonat November, der den kalten Winter ankündigt. So folgt Georg Trakl im ersten Kapitel »der Vögel wundervollen Flügen«, Erich Kästner feiert im September einen »Abschied mit Posaunen«, Oda Schaefer besingt den »großen Monat Oktober« und im November schließlich, wenn »die Lieder leiser wehn« lädt Stefan George ein in den »totgesagten park«, Nymphenburg. Vertrautes findet sich wie etwa mit Mörikes »Septembertag« oder Hölderlins »Hälfte des Lebens« ebenso wie unbekanntere Verse von Hilde Domin oder Marie Luise Kaschnitz. Neben traditionsgebundenen, streng metrischen Formen wie zum Beispiel dem Sonett oder der Ode stehen einfache, volksliedhafte und freirhythmische Formen. Nicht zu vergessen waren auch vertonte Gedichte, man denke dabei an das bekannte Herbstlied »Bunt sind schon die Wälder« von Johann Gaudenz von Salis-Seewis mit der Melodie von Johann Friedrich Reichardt aus dem Jahre 1799.

Bemerkenswert ist, daß die lyrische Produktion zum Thema »Herbst« bei den »Weimarer Klassikern« Goethe und Schiller nahezu nicht auffindbar ist; es dominieren Frühlings- und Sommergedichte. Letztere überwiegen auch im 19. Jahrhundert, obwohl sich bei einzelnen Autoren einige zeitlose Kostbarkeiten finden. Erst später, im 20. Jahrhundert läßt sich ein Anschwellen feststellen: Die dritte Jahreszeit wird jetzt offensichtlich noch stärker zum Spiegel der existentiellen Befindlichkeit der Poeten. Ihr »Herbstgefühl« kommt nicht mehr vor allem aus der ungebrochenen Anschauung der Natur, sondern bedient sich der vertrauten Bilder als Zitate für Botschaften, die ihr individuelles oder gesellschaftliches Dasein reflektieren.

Dennoch bleibt die Beziehung zwischen Mensch und Natur bei allen hier vorgestellten Gedichten der Ausgangspunkt. Der Herbst als die Zeit der Reife, in der – wie Goethe sagt –, alle Blüten vergehen müssen, damit uns Früchte beglücken können, ist das Bindeglied zwischen Wärme und Kälte, zwischen Wachsen und Vergehen, damit der Kreislauf des Lebens stets neu beginnen kann. Theodor Storm hat diese hoffnungsfrohe Gewißheit so beschrieben:

Und es leuchten Wald und Heide,
Daß man sicher glauben mag,
Hinter allem Winterleide
Lieg' ein ferner Frühlingstag.

QUELLENNACHWEIS

Anonym
Der Herbst 79
In: Dichtung des Rokoko (Nach: Der Schriftsteller, Jena 1748).
Herausgegeben von Alfred Anger, Tübingen 1969

Anonym
Einladung zur Martinsgans 106
In: Des Knaben Wunderhorn (Aus: Simon Dachs Zeitvertreiber
1700). Alte deutsche Lieder, gesammelt von Achim von Arnim und
Clemens Brentano. Zweyter Band. Heidelberg 1808

Rose Ausländer (1901–1988)
Herbst 124
In: Mein Atem heißt jetzt. Gedichte.
© S. Fischer Verlag GmbH, Frankfurt am Main 1981

Gottfried Benn (1886–1956)
Astern 11
In: Statische Gedichte. Herausgegeben von Paul Raabe. Zürich
1983. © 1948, 2000 by Arche Verlag AG, Zürich-Hamburg

Louise Brachmann (1777–1822)
Der Herbst 68
In: Auserlesene Dichtungen von Louise Brachmann. Erster Band.
Leipzig 1824

133

Bertolt Brecht (1898–1956)
Drachenlied 46
In: Große kommentierte Berliner und Frankfurter Ausgabe.
Band 15, Gedichte 5.
© Suhrkamp Verlag, Frankfurt am Main 1993

Georg Britting (1891–1964)
Schöner Novembertag 119
In: Irdischer Tag. München 1948.
© Ingeborg Schuldt-Britting, Höhenmoos

Barthold Hinrich Brockes (1680–1747)
Gedanken bei dem Fall der Blätter im Herbst 51
In: Irdisches Vergnügen in Gott … Hamburg 1721

Maximilian Dauthendey (1867–1918)
Jetzt ist es Herbst 54
In: Gesammelte Gedichte und kleinere Versdichtungen. Lyrik,
Weltspuk-Lieder der Vergänglichkeit. München 1930

Theodor Däubler (1876–1934)
Die Buche 15
In: Dichtungen und Schriften. Herausgegeben von Friedhelm
Kemp. München 1956

Hilde Domin (1909–2006)
Herbstaugen 12
In: Rückkehr der Schiffe.
© S. Fischer Verlag GmbH, Frankfurt am Main 1962

Annette von Droste-Hülshoff (1797–1848)
Herbst 84
In: Droste-Hülshoffs Werke in einem Band. Salzburg o. J.

Joseph von Eichendorff (1788–1857)
Herbst 34
In: Sämtliche Gedichte. Herausgegeben von Wolfdietrich Rasch.
München 1975

Gerrit Engelke (1890–1918)
Herbst 48
In: Rhythmus des neuen Europa. Gedichte. Jena 1929

Cäsar Flaischlen (1864–1920)
So regnet es sich langsam ein … 101
In: Freude ist Leben. Ausgewählte Gedichte in Vers und Prosa.
Deutsche Verlags-Anstalt, Stuttgart und Berlin 1943

Theodor Fontane (1819–1898)
O trübe diese Tage nicht 86
Spätherbst 62
In: Werke, Schriften und Briefe. Abteilung I. Band 6:
Balladen und Gedichte. Herausgegeben von Walter Keitel und
Helmuth Nürnberger. München und Wien 1978

Stefan George (1868–1933)
Komm in den totgesagten park und schau 95
In: Das Jahr der Seele. München 1999

Friedrich Karl von Gerok (1815–1890)
Herbstgefühl 75
In: Perlen Deutscher Poesie. Ausgewählt von H. Schramm.
Berlin o. J.

Hermann von Gilm zu Rosenegg (1812–1864)
Allerseelen 96
In: Rudolf Heinrich Greinz. Gedichte von Hermann von Gilm.
Leipzig o. J.

135

Albrecht Goes (1908–2000)
Spät im Jahr 92
In: Lichtschatten du. Gedichte aus fünfzig Jahren.
© S. Fischer Verlag GmbH, Frankfurt am Main 1978

Johann Wolfgang von Goethe (1749–1832)
Herbstgefühl 87
In: Werke. Hamburger Ausgabe in 14 Bänden. Band I:
Gedichte und Epen. Herausgegeben von Erich Trunz,
München 1988

Martin Greif (1839–1911)
Herbstgefühl 98
In: Gesammelte Werke. Band I. Leipzig 1909

Robert Hamerling (1830–1889)
Aus »Waldgang im Herbst« 99
In: Hamerlings sämtliche Werke in 16 Bänden. Herausgegeben von
Michael Maria Rabenlechner, Leipzig 1911

Peter Handke (* 1942)
In den letzten Tagen 117
In: Als das Wünschen noch geholfen hat.
© Suhrkamp Verlag, Frankfurt am Main 1974

Friedrich Hebbel (1813–1863)
Herbstbild 67
Spaziergang am Herbstabend 111
In: Gedichte von Friedrich Hebbel. Gesammt-Ausgabe stark
vermehrt und verbessert, Stuttgart und Augsburg 1857

Heinrich Heine (1797–1856)
Der Herbstwind rüttelt die Bäume (Lyrisches Intermezzo, LVIII) 122
In: Sämtliche Schriften. Band 1. Herausgegeben von Klaus
Briegleb. München 2005

Der scheidende Sommer (Kitty-Zyklus) 59
Spätherbstnebel, kalte Träume (Neuer Frühling, XLIII) 108
In: Sämtliche Schriften. Band 4. Herausgegeben von Klaus
Briegleb. München 2005

Hermann Hesse (1877–1962)
Verfrühter Herbst 14
Welkes Blatt 30
In: Sämtliche Werke. Band 10.
© Suhrkamp Verlag, Frankfurt am Main 2002

Georg Heym (1887–1912)
Der Herbst 45
Der herbstliche Garten 113
In: Das lyrische Werk. Herausgegeben von Karl Ludwig Schneider.
München 1977

Friedrich Hölderlin (1770–1843)
Der Herbst 91
Hälfte des Lebens 71
In: Sämtliche Werke und Briefe. Band I. München 1970

August Heinrich Hoffmann von Fallersleben (1798–1874)
Kirmeß 78
In: Gesammelte Werke. Herausgegeben von H. Gerstenberg,
Berlin 1890

Wilhelm Jensen (1837–1911)
Die Boten 17
In: Der deutsche Spielmann. Das deutsche Jahr, München 1910

Mascha Kaléko (1907–1975)
Ein welkes Blatt 126
In: Die paar leuchtenden Jahre.
© 2003 Deutscher Taschenbuch Verlag, München

Herbstlicher Vers 28
In: In meinen Träumen läutet es Sturm.
© 1977 Deutscher Taschenbuch Verlag, München

Marie Luise Kaschnitz (1901–1974)
September 49
Tritte des Herbstes 16
In: Gesammelte Werke. Band 5. Herausgegeben von Christian
Büttrich und Norbert Miller
© Insel Verlag, Frankfurt am Main 1985

Erich Kästner (1899–1974)
Der September 42
In: Die dreizehn Monate, 1955
Exemplarische Herbstnacht 120
In: Gesang zwischen den Stühlen, 1985
© Atrium Verlag, Zürich und Thomas Kästner

Sarah Kirsch (* 1935)
Der September 61
In: Sämtliche Gedichte. © 2005 Deutsche Verlags-Anstalt, München
in der Verlagsgruppe Random House GmbH

Klabund (Alfred Henschke) (1890–1928)
Der südliche Herbst. 83
Rausche, Laub, am braunen Hang 74
In: Das Leben lebt. Gedichte. Ausgewählt und herausgegeben von
Joseph Kiermeier-Debre. München 2003

Else Lasker-Schüler (1869–1945)
Herbst 24
In: Gesammelte Werke in drei Bänden.
© Suhrkamp Verlag, Frankfurt am Main 1996

Wilhelm Lehmann (1882–1968)
Starenschwarm im Baum 44
In: Gesammelte Werke in acht Bänden. Herausgegeben von Agathe
Weigel-Lehmann u. a. Band 1: Sämtliche Gedichte. Herausgegeben
von Hans Dieter Schäfer. © Klett-Cotta, Stuttgart 1982

Nikolaus Lenau (d. i. Nikolaus Franz Niembsch, Edler von
Strehlenau) (1802–1850)
Rings ein Verstummen, ein Entfärben (Waldlieder 9) 123
In: Sämtliche Werke. Briefe. Herausgegeben von Hermann
Engelhard. Stuttgart 1959

Hans Leifhelm (1891–1947)
Herbstbeginn 38
In: Sämtliche Gedichte. Herausgegeben von Norbert Langer.
Otto Müller Verlag, Salzburg 1955

Detlev von Liliencron (1844–1909)
Herbst 21
In Herbstestagen bricht mit starkem Flügel 105
In: Adjutantenlieder und andere Gedichte. Leipzig o. J.

Oskar Loerke (1884–1941)
Leise Herbsttage 27
In: Gedichte und Prosa. Band 1. Herausgegeben von Peter
Suhrkamp. © Suhrkamp Verlag, Frankfurt am Main 1958

Paula Ludwig (1900–1974)
Jahresneige 55
In: Gedichte. Gesamtausgabe. Herausgegeben von Kristian
Wachinger und Christiane Peter.
© Langewiesche-Brandt Verlag, Ebenhausen b. München 1986

Siegfried August Mahlmann (1771–1826)
Herbstblick 110
In: Gedichte, Halle 1825

Conrad Ferdinand Meyer (1825–1898)
Fülle 88
In: Gedichte. Leipzig 1922

Eduard Mörike (1804–1875)
Septembermorgen 33
In: Klassische Blumenlese. Stuttgart 1840

Christian Morgenstern (1871–1914)
Blätterfall 73
Novembertag 97
Septembertag 57
In: Jubiläumsausgabe in vier Bänden. Band II. Herausgegeben von
Clemens Heselhaus. München und Zürich 1979

Friedrich Nietzsche (1844–1900)
Der Herbst 36
In: Gedichte. Herausgegeben von Jost Hermand.
Stuttgart 1964

August Graf von Platen (1796–1835)
An eine Geißblattranke 107
In: Sämtliche Werke. Herausgegeben von Max Koch und Erich
Petzet. Leipzig o. J.

Rainer Maria Rilke (1875–1926)
Bangnis 109
Herbst 125
Herbsttag 58
Jetzt reifen schon die roten Berberitzen 25
In: Sämtliche Werke. Band I. Herausgegeben von Ernst Zinn.
Frankfurt am Main 1955

Joachim Ringelnatz (1883–1934)
Herbst 102
In: Jugendblätter, 61. Band. München 1914

Friedrich Rückert (1788–1866)
Du, dieses Jahres Abend, Herbst (Herbstlieder 11)   89
Herz, nun so alt … (Herbstlieder 5)   26
In: Ausgewählte Gedichte. Stuttgart 1963

Ferdinand von Saar (1833–1906)
Herbst   50
In: Gedichte. Heidelberg 1888

Johann Gaudenz von Salis-Seewis (1762–1834)
Die Herbstnacht   115
In: Gedichte. Köln 1815
Herbstlied   40
In: Musen Almanach für 1786. Herausgegeben von Voß und
Goeking, Hamburg

Oda Schaefer (1900–1988)
Oktober   70
In: Kranz des Jahres. Stuttgart 1948. © Eberhard Horst

Joseph Viktor von Scheffel (1826–1886)
Abschied des Storches   19
In. Der deutsche Spielmann. Das deutsche Jahr, München 1910

Heinrich Seidel (1842–1906)
November   103
In: Der deutsche Spielmann. Das deutsche Jahr, München 1910

Theodor Storm (1817–1888)
Herbst   63
Komm, laß uns spielen   85
Oktoberlied   81
In: Werke in einem Band. Herausgegeben von Peter
Goldammer. München und Wien 1988

Ludwig Tieck (1773–1853)
Herbstlied   9
In: Deutsche Lyrik vom Barock bis zur Gegenwart. Herausgegeben
von Gerhard Hay und Sibylle von Steinsdorff. München 1980

Georg Trakl (1887–1914)
Der Herbst des Einsamen   72
Herbst (›Verfall‹ Sammlung 1909)   29
Herbstseele (2. Fassung)   60
Verklärter Herbst   90
In: Das dichterische Werk. Herausgegeben von Walther Killy und
Hans Szklenar, München 1972

Kurt Tucholsky (1890–1935)
Schöner Herbst   47
In: Gesammelte Werke in 10 Bänden. Band 1.
Reinbek bei Hamburg 1960

Ludwig Uhland (1787–1862)
Die Malve   13
In: Uhlands Gedichte und Dramen in zwei Bänden. Erster Band,
Gedichte. Stuttgart o. J.

Johann Heinrich Voß (1751–1826)
Der Herbstgang   22
Herbstsegen   76
In: Sämmtliche Gedichte. Auswahl letzter Hand, 3. Band.
Leipzig 1833